VENTE DU VENDREDI 27 AVRIL 1888

HOTEL DROUOT, SALLE N° 1

TABLEAUX MODERNES

Aquarelles — Dessins

MINIATURES — SCULPTURES

PORCELAINES — BRONZES

MEUBLES

EXPOSITION PUBLIQUE

LE JEUDI 26 AVRIL 1888

COMMISSAIRE-PRISEUR

Me Paul **CHEVALLIER**, 10, rue Grange-Batelière.

EXPERTS

M. Charles **MANNHEIM**	M. **BERNHEIM** jeune
7, rue Saint-Georges.	8, rue Laffitte.

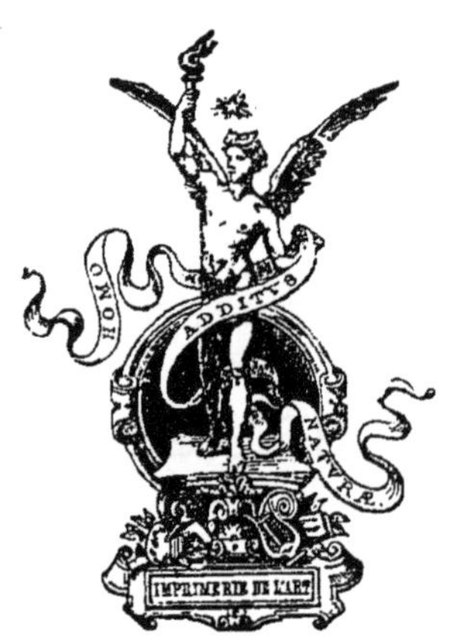
HOMO
ADDITVS
NATVRÆ
IMPRIMERIE DE L'ART

CATALOGUE

DE

TABLEAUX MODERNES

Aquarelles, Dessins

PAR

L. Émile Adan, Berchère, Beyle, L. Boulanger, Brissot
J. L. Brown, Chaplin, Decamps, Delort, De Penne, Blaise Desgoffe
Detaille, Gegerfelt, Guillemet, Haquette, Henner, Madeleine Lemaire
Émile Lévy, Michel-Lévy, L. Richet, T. Ribot
Tassaert, Veyrassat, Washington

Œuvres importantes d'Édouard Manet

MINIATURES, SCULPTURES

Porcelaines, Bronzes d'art et d'ameublement

MEUBLES

DONT LA VENTE AURA LIEU

HOTEL DROUOT, SALLE N° 1

Le Vendredi 27 Avril 1888

A 2 HEURES 1/2

COMMISSAIRE-PRISEUR

Me PAUL CHEVALLIER

10, rue de la Grange-Batelière, 10

EXPERTS

M. CH. MANNHEIM	**M. BERNHEIM jeune**
7, rue Saint-Georges, 7	8, rue Laffitte, 8

EXPOSITION PUBLIQUE : Le Jeudi 26 Avril 1888
DE 1 HEURE 1/2 A 5 HEURES 1/2

Ce Catalogue se distribue à Paris

Chez Me **Paul CHEVALLIER**, commissaire-priseur

10, rue de la Grange-Batelière, 10

Chez **M. Charles MANNHEIM**, expert

7, rue Saint-Georges, 7

Chez **M. BERNHEIM jeune**, expert

8, rue Laffitte, 8

CONDITIONS DE LA VENTE

Elle sera faite au comptant.

Les acquéreurs payeront, en sus des adjudications, *cinq pour cent* applicables aux frais.

L'Exposition mettant le public à même de se rendre compte de l'état des objets, il ne sera admis aucune réclamation une fois l'adjudication prononcée.

Paris — Imp. de l'Art, E. Ménard et Cie, 41, rue de la Victoire.

DÉSIGNATION DES OBJETS

TABLEAUX

ARMANDI

1 — *Effet de neige.*

Haut., 20 cent.; larg., 26 cent.

BERCHÈRE

2 — *Souvenir d'Orient.*

Haut., 60 cent.; larg., 42 cent.

BEYLE

3 — *Orientale.*

Haut., 1 m. 15 cent.; larg., 34 cent.

BEYLE

4 — *Japonaise.*

Haut., 1 m. 15 cent.; larg., 34 cent.

BEYLE

5 — *Cancalaise.*

Haut., 35 cent.; larg., 17 cent.

BOULANGER

(L.)

6 — *Renaud et Armide.*

Haut., 44 cent.; larg., 37 cent.

BOULANGER

(L.)

7 — *La Pêche.*

Haut., 1 mètre; larg., 81 cent.

BOULANGER

(L.)

8 — *La Chasse.*

Haut., 1 mètre; larg., 81 cent.

BOULANGER

(L.)

9 — *La Moisson.*

Haut., 1 mètre; larg., 81 cent.

BOULANGER

(L.)

10 — *Les Vendanges.*

Haut., 1 mètre; larg., 81 cent.

BOULANGER

(L.)

11 — *La Musique.*

Haut., 1 mètre; larg., 90 cent.

BRISSOT

12 — *Rentrée à l'étable.*

Haut., 31 cent.; larg., 41 cent.

BROWN

(J. L.)

13 — *La Promenade.*

Haut., 21 cent.; larg., 16 cent.

BROWN

(J. L.)

14 — *Napoléon au moulin de Valmy.*

Haut., 23 cent.; larg., 33 cent.

CHAPLIN

15 — *La Musique.*

Haut., 55 cent.; larg., 28 cent.

COUDER

16 — *Fleurs.*

Haut., 26 cent.; larg., 21 cent.

DAUBIGNY

(CH.)

17 — *Bords de l'Oise.*

Haut., 57 cent.; larg., 35 cent.

DECAMPS

18 — *Cheval blanc au râtelier.*

Haut., 63 cent.; larg., 75 cent.

Vente Paton.

DELORT

19 — *La Soubrette.*

Haut., 26 cent.; larg., 18 cent.

DE PENNE

20 — *Chiens bassets.*

Haut., 40 cent.; larg., 31 cent.

DESGOFFE
(BLAISE)

21 — *Objets d'art anciens.*

Grand verre de cristal de roche gravé, monture d'or émaillée, XVIe siècle, règne de François Ier; vase en lapis-lazuli, XVIe siècle; petit buste de négresse en cristal de roche fumé; poignard de Philippe II, la poignée est en or et émail, ayant également appartenu à Napoléon Ier; étoffe ancienne.

Haut., 67 cent.; larg., 52 cent.

DUPRÉ
(VICTOR)

22 — *La Mare.*

Haut., 32 cent.; larg., 24 cent.

FORET

23 — *Instruments de musique.*

Haut., 50 cent.; larg., 1 m. 50 cent.

FORET

24 — *Fleurs.*

Haut., 31 cent.; larg., 21 cent.

GINAIN
(EUG.)

25 — *Le Rapt*

Haut., 1 m. 70 cent.; larg., 1 mètre.

GINAIN
(EUG.)

26 — *Infanterie.*

Haut., 46 cent.; larg., 32 cent.

GINAIN
(EUG.)

27 — *Turcos.*

Haut., 46 cent.; larg., 32 cent.

GEGERFELT

(W. DE)

28 — *Vue prise en Dalécarlie.*

Haut., 72 cent.; larg., 52 cent.

GUILLEMET

29 — *Villerville.*

Haut., 54 cent.; larg., 74 cent.

GUILMARD

30 — *En Normandie.*

Haut., 68 cent.; larg., 98 cent.

GUILMARD

31 — *Marine.*

Haut., 34 cent.; larg., 64 cent.

HAQUETTE

32 — *Le Pilote.*

Haut., 21 cent.; larg., 15 cent.

*

HENNER

33 — *Jeune Fille.*

Rousse, de face, les épaules nues, la poitrine recouverte d'un vêtement rouge.

Haut., 27 cent.; larg., 22 cent.

HYON

34 — *En observation.*

Haut., 42 cent.; larg., 68 cent.

LEBAS

(H.)

35 — *Paysage.*

Haut., 15 cent.; larg., 26 cent.

LENFANT DE METZ

36 — *Le Gourmand.*

Haut., 10 cent.; larg., 7 cent.

LENFANT DE METZ

37 — *Coquetterie.*

Haut., 10 cent.; larg., 7 cent.

LEVY

(ÉMILE)

38 — *Le Sommeil de l'enfant.*

Haut., 84 cent.; larg., 1 m. 20 cent.

MANET

(E.)

39 — *La Bonne pipe.*

Un fumeur, à la mine réjouie, est assis et fume sa pipe.

Haut., 99 cent.; larg., 80 cent.

Œuvre importante faisant pendant au *Bon Bock*.

MANET

(E.)

40 — *Le Combat de taureaux.*

Un taureau vient de renverser un picador; il s'acharne après son cheval, qu'il vient d'éventrer. Le picador est pris par la jambe sous le cheval, il court le plus grand danger. Toute la quadrilla se précipite pour tâcher de détourner l'animal furieux.

On voit la plus grande partie de l'arène et des spectateurs.

Haut., 89 cent.; larg., 1 mètre 10 cent.

Œuvre importante, d'une coloration puissante, ayant figuré à l'Exposition Manet, où elle portait le numéro 36.

MANET

(E.)

41 — *Le Melon.*

Nature morte.

Haut., 43 cent.; larg., 51 cent.

Exposition Manet, n° 91.

MANET

(E.)

42 — *Lilas blancs.*

Haut., 52 cent.; larg., 34 cent.

Exposition Manet, n° 101.

MANET

(E.)

43 — *Lilas et Roses.*

Haut., 52 cent.; larg., 34 cent.

Exposition Manet, n° 102.

MANET

(E.)

44 — *Une Épave ; marine.*

Haut., 46 cent.; larg., 58 cent.

MICHEL-LEVY

45 — *Une Salle de l'Hôtel Drouot.*

Haut., 1 mètre; larg., 1 m. 34 cent.

Œuvre importante ayant figuré au Salon de 1884.

PINCHART

46 — *Le Printemps.*

Haut., 60 cent.; larg., 40 cent.

POILPOT

47 — *Conversation.*

Haut., 40 cent.; larg., 31 cent.

RICHET

(L.)

48 — *Paysage, près Compiègne.*

Haut., 35 cent.; larg., 55 cent.

RICHET

(L.)

49 — *Paysage, près Fontainebleau.*

Haut., 45 cent.; larg., 65 cent.

SALMON

50 — *Étude.*

Haut., 45 cent.; larg., 72 cent.

TASSAERT

(O.)

51 — *Tentation de saint Antoine.*

Haut., 31 cent.; larg., 24 cent.

VÉRON

52 — *Kermesse.*

Haut., 18 cent.; larg., 23 cent.

VEYRASSAT

53 — *Chevaux à l'abreuvoir.*

Haut., 45 cent.; larg., 65 cent.

VEYRASSAT

54 — *La Fenaison.*

Haut., 31 cent.; larg., 44 cent.

WALCKER

55 — *La Promenade en breack.*

Haut., 40 cent.; larg., 36 cent.

WASHINGTON

(G.)

56 — *Une Caravane.*

Haut., 48 cent.; larg., 60 cent.

AQUARELLES ET DESSINS

ADAN

(L. ÉMILE)

57 — *La Petite Gourmande.*

Aquarelle.

DETAILLE

(E.)

58 — *En observation.*

Dessin rehaussé d'aquarelle.

LEMAIRE

(MADELEINE)

59 — *Fleurs.*

Aquarelle.

RIBOT

(T.)

60 — *Les Vendanges.*

Dessin.

RIBOT

(T.)

61 — *Mise au tombeau.*

Dessin.

MINIATURES

62 — Miniature rectangulaire, par Klingstett : groupe de deux figures. Cadre en bronze.

63 — Miniature ronde : Portrait de femme vêtue de blanc, avec bouquet de roses au corsage et ceinture bleue.

64 — Miniature ronde sur ivoire : le Modèle honnête.

65 — Miniature ronde : Jeune Fille tenant une couronne de fleurs.

66 — Miniature ronde, signée Courtois : Portrait de jeune fille coiffée d'un chapeau de paille.

67 — Miniature ronde : Portrait de femme, les cheveux poudrés et la poitrine garnie d'une collerette blanche.

68 — Miniature carrée, signée *Ledoux* : Portrait de femme vue à mi-corps.

69 — Miniature rectangulaire : Femme nue couchée, d'après le Titien.

70 — Miniature, d'après Charlier : Nymphe et Satyre.

71 — Miniature gouachée : groupe de trois figures. Cadre en cuivre doré à rubans.

SCULPTURE EN MARBRE

72 — Marbre blanc. Joli groupe, par A. Carrier : Bacchante et Enfant, sur socle de style Louis XVI, en marbre bleu turquin, garni de bronze doré.

PORCELAINES

73 — Belle garniture de cinq pièces : Potiches et cornets en ancienne porcelaine du Japon, à décor en bleu, rouge et or, à fond de fleurs et médaillons d'oiseaux.

74 — Autre belle garniture de cinq pièces de même porcelaine, sur fond de fleurs, arabesques en bleu et décor d'arbustes et d'oiseaux en couleurs.

75 — Deux petits vases ovoïdes genre Sèvres, fond bleu turquoise, et médaillons jeux d'enfants, montés en bronze doré.

76 — Table à thé, composée de douze assiettes et d'un plateau en porcelaine de Chine, montés en bambou et jonc.

77 — Fontaine genre Saxe, à figures et coquille.

BRONZES D'ART ET D'AMEUBLEMENT

78 — Deux lampes de style antique de la fin du règne de Louis XVI, composées chacune d'une figure assise et lisant, en bronze vert, sur un vase à godrons en bronze doré.

79 — Deux lampes Carcel en bronze, ornées de figures d'enfants.

80 — Fong-hoang formant brûle-parfums et monté sur rocher. Bronze japonais.

81 — Brûle-parfums tripode, en bronze de la Chine, à anses et pieds formés de dragons; sur socle en bois.

82 — Lustre de style Louis XIV, à dix-huit lumières, en cuivre, garni de cristaux de roche et pièces d'enfilage en verre taillé.

83 — Garniture de cheminée de style Louis XVI, en bronze doré, composée : 1° d'une pendule surmontée d'une coupe ovale, à laquelle se rattachent des festons de lauriers qui retombent à droite et à gauche de la cage ; 2° de deux grands candélabres à sept lumières chacun et composés de balustres et de vases reliés par des festons de lauriers.

84 — Galerie de foyer de même style à vases et festons de lauriers.

85 — Deux flambeaux de style Louis XVI en bronze doré.

86 — Mortier du XVIe siècle en bronze, à deux anses, décoré d'un médaillon-buste (Charles-Quint ?).

87 — Deux grands candélabres à huit lumières, composés de branches et d'ornements rocaille en bronze doré, enrichis chacun d'une chimère sur rocher en porcelaine du Japon. Ils sortent de la maison Beurdeley.

MEUBLES

88 — Deux meubles de style Louis XV de forme contournée et fermant à une porte, en vernis genre Martin, à médaillons, sujets champêtres à figures dans le goût de Boucher, et garnis de riches ornements rocaille en bronze doré. Le fond verdâtre est pailleté d'or, et ils sont couverts par des tablettes de marbre rouge de Flandres.

89 — Bureau plat de même style que les meubles qui précèdent, mais sans sujets.

90 — Guéridon en marbre onyx d'Algérie, monté sur quatre pieds à griffes de lion en bronze doré, de style antique.

91 — Deux meubles à hauteur d'appui de style Louis XVI, en bois d'acajou à colonnes cannelées aux angles, et garnis de quelques ornements de cuivre doré. Ils ferment à une porte garnie, ainsi que les côtés, de panneaux laqués en or sur fond noir.

92 — Console de style Louis XV, en bois sculpté et

doré, à ornements rocaille et fleurs et à dessus de marbre blanc.

93 — Table de style Louis XV, modèle rognon, en marqueterie de bois à trophées, fleurs et attributs, sur pieds découpés à jour reliés par une traverse d'entrejambes.

94 — Deux fauteuils et quatre chaises en bois doré de style Louis XV, couverts en damas ponceau.

95 — Canapé entièrement couvert de même étoffe.

96 — Deux garnitures de croisées, aussi en damas, avec galeries dorées.

97 — Pouf carré, couvert d'une broderie de soie de couleur sur fond noir et pourtour capitonné et couvert de soie brune. Il est garni d'une belle frange à grille.

www.ingramcontent.com/pod-product-compliance
Ingram Content Group UK Ltd.
Pitfield, Milton Keynes, MK11 3LW, UK
UKHW020232180726
13838UKWH00005B/2339